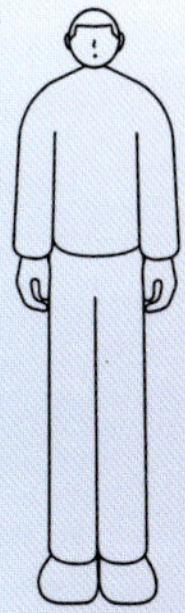

发现万有引力

[美]约瑟夫·阮 著
于悦 译
我是白 绘

边界

如何拥有理想生活

Boundaries=Freedom

陕西新华出版
太白文艺出版社·西安

儒意欣欣文化发展有限公司

出品

本书献给

所有正在寻找自我的人

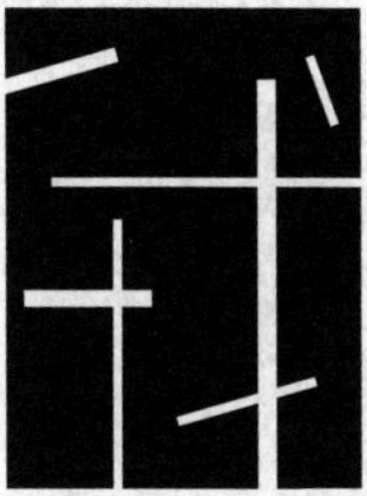

目录

要有一颗足够柔软的心，

去给予爱和怜悯，

但也要有足够的智慧，

去了解我们的边界。

—

凯尔·克罗

Have a heart soft enough

to give love and mercy,

but that is wise enough

to know boundaries.

—

Kayil Crow

凯尔·克罗

美国畅销书作家，代表作《玫瑰与荆棘》《勇敢的灵魂》《你值得拥有更多》等。

引言

这是一本
帮助你获得更多

平静

满足

和喜悦的

手册

一切都是从无到有的。

要有新的创造，首先必须腾出空间。

我们的生活也是如此。

要想获得改变人生的新体验，必须先为这些可能性创造空间。

我们无法在已有花朵的地方播下新种子。

创造空间的方法就是设定边界。

哪里有边界，哪里就有和平。

所有的可能性，包括我们热爱的生活，都存在于我们为自己创造的空间之中。

这本书，就像我所有的书一样，设计简洁明了，旨在用尽可能少的文字唤起你内心的智慧。

但请不要误以为它的简洁缺乏力量。

只需一个想法、一个念头、一个洞见，就能改变你的人生。

书中的文字并非万能真理，但它们能帮助你找到属于自己的真理。

知识提供信息，真理带来改变。不要止步于获取信息，要追求真正的转变。

没有边界的生活

分寸

—

Propriety

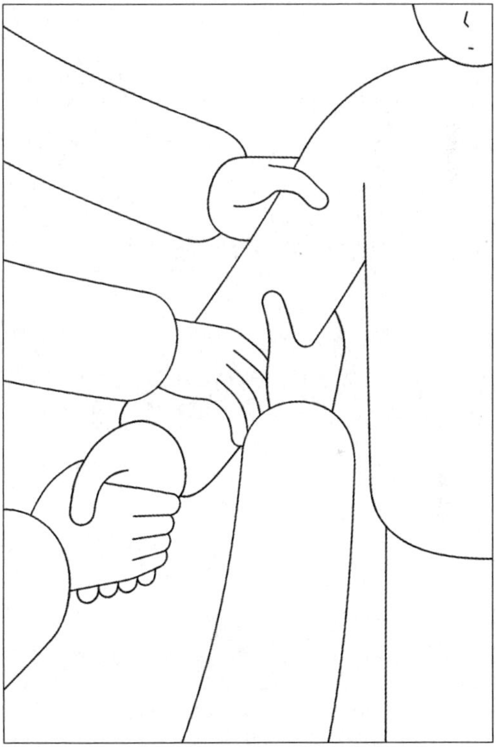

即便可能会让别人失望，

我们也要敢于设定边界，

有勇气去爱自己。

—

布琳·布朗

Daring to set boundaries

is about having the courage

to love ourselves,

even when we risk disappointing others.

—

Brené Brown

布琳·布朗

知名学者、畅销书作家、

美国休斯顿大学社会工作研究院教授。

代表作《脆弱的力量》《不完美的礼物》《让自己更好》。

2010 年布朗在 TED×Houston 的演说“脆弱的力量”(*The Power of Vulnerability*) 是 TED 网站上最受欢迎的节目之一。

我们一出生，
就立刻被扔进了一个世界。

在这个

世界里，

我们被告知应该做什么，

应该想什么，应该怎么做，

应该和谁在一起，

应该穿什么，

应该找什么工作以及应该相信什么。

应该……

我们从小就被教导应该听从周围每个人的意见，并被告知这样做就会过上充满爱与快乐、平静且充实的生活，但真的是这样吗?

你生活中的人很可能都是出于好意，他们只是尽其所能地用自己的知识和经验行事，但这并不意味着他们的建议总是有帮助的。

有多少时候，我们是因为听信了别人的建议才创造出自己想要的生活?

没有人经历过你的生活，拥有与你相同的经历，有着与你相同的想法和感受，所以别人怎么可能比你自己更了解你想要什么呢?

我们总是向他人寻求建议和答案，却陷入恶性循环：不断透支自我换取他人认可，而内心真正渴望的其实是自我认同。

然而，当我们按照别人的标准“把一切都做得很好”时，

却不知道自己为什么仍然会感到

过度劳累、
压力过大、
焦虑不安
和没有成就感。

这就是没有边界的生活带来的感觉。

社会常常教导我们要宽容大度，先人后己，为他人牺牲自己的需求。然而这是一种自我背叛。由于没有设立边界而忽视自己的需求，这会让我们与内在自我失去联系，与自己的真实想法脱节，以至于不再知道自己是谁。

不断地对别人说“是”，我们就会在不经意间对自己说“不”。

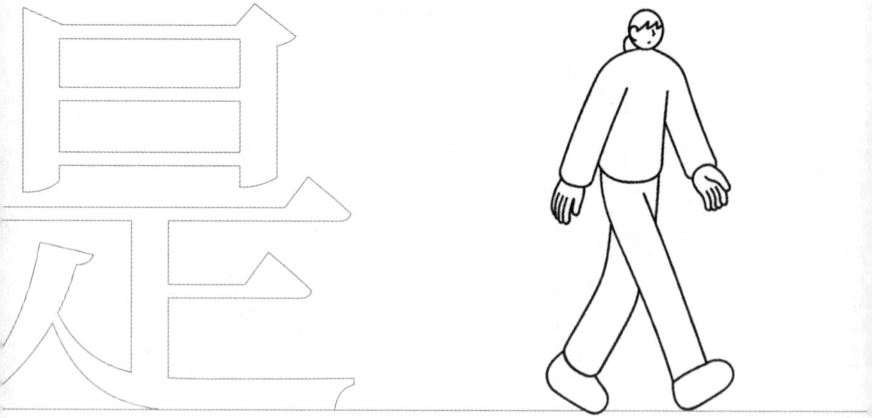

创造充满爱、幸福和满足感的生活，首先要对自己说“是”。反之，对那些不能带给你上述感受的事情说“不”。

这并不是说要走向另一个极端，事事都对别人说“不”。而是要允许自己像对别人说“是”一样，也对自己说“是”，以此来恢复平衡，重视自己的需求。

你内心的平静源于自身，而非除你之外的其他人。

不

没有边界，

生活中就没有

你想要的空间。

打造充满热爱的生活，首先，要通过设置边界来重新获得生活的主导权，为那些能让你感受到活力和快乐的事创造空间。

足够爱自己的人，会为自己设立边界。

你的时间和精力非常宝贵，

你有权决定如何分配它们。

通过明确自己的边界，

让别人知道应该如何尊重你。

—

安娜·泰勒

Love yourself enough to set boundaries.
Your time and energy are precious,
and you get to decide how you use them.
You teach people how to treat you
by deciding what you will and won't accept.

—

Anna Taylor

安娜·泰勒

新西兰作家、创意写作导师，
代表作短篇小说集《解脱》，荣获 2010 年新西兰
作家协会霍伯特·丘奇最佳首部小说奖。

二

放下说“不”的负罪感

克制

—

Refrain

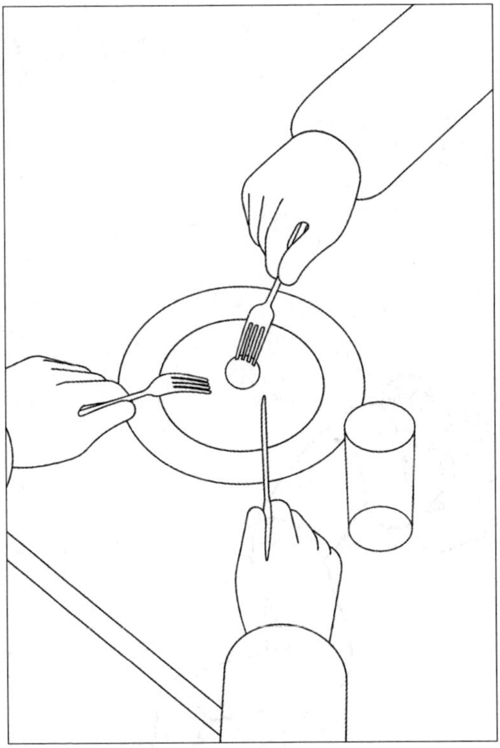

freedom

一旦你意识到，
你不需要任何人的允许，
就可以选择平静与快乐的生活，
你就自由了。

惯性思维使得我们主要关注外部世界。我们从小就认为，别人对我们的看法比我们自身的看法更重要。因此，我们的大部分行为都是为了赢得他人的认可。

这样一来，我们的大部分注意力就会转向外部世界，能量与精力也随之流向外部。**如果你感到精疲力竭、没有灵感，这是因为你的大部分能量都集中在外部世界，而留给自己的能量却所剩无几。**

你的注意力在哪里，

能量就跟着流向哪里。

而能量流向哪里，

你关注的东西就在哪里生长。

—

托尼·罗宾斯

Where your attention goes,

energy flows.

And where energy flows,

whatever you're focusing on grows.

—

Tony Robbins

托尼·罗宾斯

企业家、畅销书作家、慈善家、生活和商业战略家、潜能开发专家。他为职业运动员、《财富》500 强企业总裁、美国总统等精英人物提供咨询和辅导。著有《钱：7 步创造终身收入》《不可撼动的财务自由》《路径》《生命力》等。

没有边界，我们的注意力和能量就会不断集中在自身之外的一切事物上。每当我们对那些与内心感受不符、不利于成长的事情说“是”的时候，我们就对自己的快乐说了“不”。

让和平、爱、灵感、创造力与幸福重新回到生活中，必须要设定边界，这样你的能量才能留在你身上。

请不要把这误解为自私。

设定边界并不是一种将自我需求置于他人需求之上的自私行为，而是一种心怀爱意的行为，会让你认识到自己的需求与周围人的需求同等重要。

这是一种勇敢的表现，你可以为自己留出空间，优先考虑自己的身体、心理、情感和精神健康——这是大多数人不敢做的事情。

Peace and Love

设立边界是关爱自己的重要部分，是展现自我尊重并满足自身需求的方式，而这并不意味着要忽视他人的感受与需求。

在设定边界的过程中，你不仅实践了深层次的自爱，还为自身的成长与发展创造了宝贵的空间。

帮助世界的最佳方式是先帮助自己，而不是牺牲自己。

潮起船升，当你优先守护自己内心的平和时，你就如同那股上涨的潮水，能够让周围的人也随之受益。

给予建立在拥有的基础上，因此，如果我们为他人牺牲了包括平和与喜悦在内的一切，那么到最后，我们还剩下什么可以给予的呢？这样的牺牲真的能帮助到他人吗？

The best way to help the world is to help yourself first,

not by sacrificing yourself.

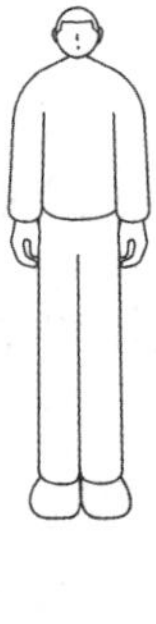

帮助世界的最佳方式是先帮助自己，而不是牺牲自己。

内心充满爱、平静和喜悦的人，或许能对他人散发更多善意。

当我们有一个积极的心态，我们的存在本身就是一种美好。

我们的状态源于自身能量，而这种能量具有极强的感染力。无论我们处于何种状态，都会被周围的人感知到，我们也会被他们的状态所影响，这正是因为人们散发的情感是流动的。

真正打动人心的，不单是我们的所言所行，更重要的是我们如何激发他人的情感。

通过满足自己的需求并优先关注内心的平静，我们不仅重新掌握了人生主导权，更是真正开启了鲜活的生命体验。这种通透豁达的状态如同一道道涟漪，会对你生活的各个维度乃至身边人群产生积极影响。

我们无法改变他人，但学会接纳自我、守护内心的安宁，这种姿态本身就是一种示范，能够激励他人踏上同样的自我关怀之旅。

改变世界最有效的方式，从来不是指导他人该如何做或代劳其事，而是以不容忽视的生命姿态成为改变本身——当你毫无保留地活出理想的样貌时，这种存在本身就会成为最有力的召唤。

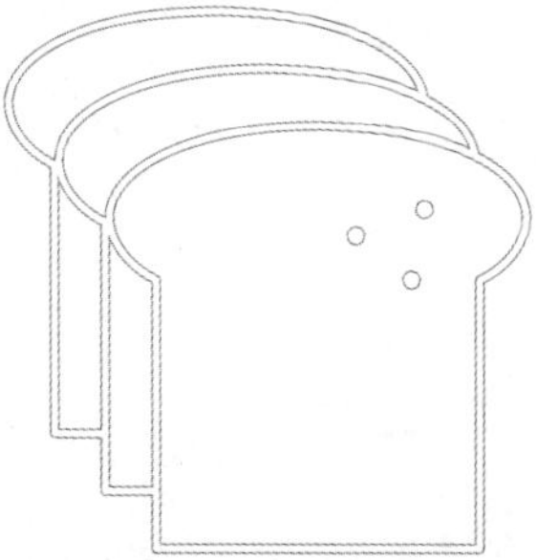

energy

三

边界如何为你创造空间

规则

—

Rules

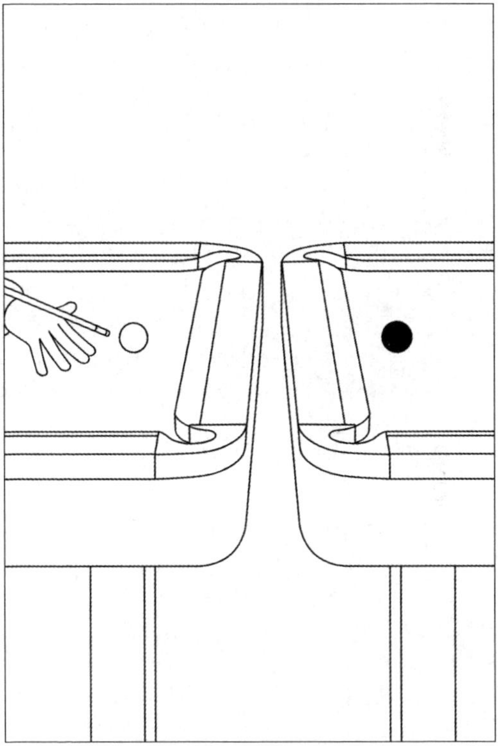

设立边界的本质在于对消耗能量的事物说“不”。**当我们学会拒绝，就是在为生命腾出空间。**

正如新事物的诞生必先有充足的空间，一个已经被盛满的容器无法再容纳更多事物。要想为生命注入新的可能，我们首先要清空陈旧的负累。

边界 是我们为

新的可能性

创造空间 的 媒介。

自然界存在奇妙的补偿法则：每当产生空隙或空间时，大自然都会迅速以新事物填补。不必费尽心思填满生活，宇宙自会填满我们生活中的空白。

例如，你上次休息日一整天无所事事是什么时候？每当你有空闲，总会有一些事情来填补它，我相信你不必费多大力气就能做到这一点。这就是大自然的作用，它不断地填补空白。

这个过程如同捕鱼：无须费力改变水流，但要编织合适的渔网。边界就是那张生命之网，既能捕捉滋养灵魂的馈赠，又能过滤掉不再适合的沉渣。

我们中的大多数人甚至没有在河里撒网，而是指望河水把我们想要的东西抛到岸上。问题不在河流本身，而在我们与世界互动的方式。

过滤

IV

练习如何设置边界

默契

—

Tacit

我不会再为说“不”而内疚，也不会为满足自己物质和精神的需要而自责。

不

请敏锐地觉察你生命中的能量流向。

是什么

让你感觉沉重?

是什么

在消耗你的能量?

是什么

让你感到精疲力竭?

如果不再做这些消耗能量的事，你会有怎样的感觉？

请尽可能具体描述，越具体，你设定的边界就越有力量。

真正的自主源于边界。你完全有能力设置保护自身能量的屏障。每一个边界的建立，都是自我解放的宣言。

你内心的平静不是需要争夺的战利品，而是与生俱来的，只须加以守护。不断对消耗能量的事物说“是”，其实是在亲手放弃这份安宁。

现在，请列出那些消耗你能量、破坏你平静的事物清单，然后以声明的形式为每个问题设定具体边界。当类似情境再次出现时，这个预先设定的边界会成为你的自动防护机制。

建议为每个边界标注设定理由，即不设立这个边界将导致的后果。比起追求愉悦，规避痛苦往往更能激发行动力。

请遵从你的直觉写下这些内容，不必刻意雕琢。

以下是边界声明的示例：

□ 我将不再吃 / 喝 ××，因为它会让我焦虑和疲惫，从而导致我做出对自己和周围人不利的决定。

□ 我不再接收 ×× 媒体信息，因为它会让我陷入自我否定的情绪之中。

□ 我不再进行消极的自我对话，因为它夺走了我内心的平静和喜悦。

□ 我不会再待在一个负面的环境中，因为那里充斥着议论、评判和指责。如果身处其中，我会立刻离开。

□ 我不会再为说“不”而内疚，因为我的身体、思想和灵魂都需要“不”。

以下是创建您自己的边界声明的模板：

- [ ] 我不会再______________________________，因为这让我______________________________。
- [ ] 我不会再（你想停止的行为），因为它让我（行为的后果）。

🔈 在你的边界声明中，确认哪一条里写下的后果是最严重、最令人痛苦的。

🔈 以此来选出那个实施后能最大程度改变你生活的边界。

🔈 为了取得最佳的效果和最高的成功率，在接下来的一个月内，请专注于让这个边界发挥作用。

将写下的边界声明放在显眼的地方，以便时刻提醒自己。每当遭遇痛苦时，你可以将这种情感痛苦转化为触发点，调动全部力量践行边界承诺。

请觉察践行边界时的感受，这会强化你坚守边界的内在动机。

要使边界真正有效，关键在于挖掘情绪反应的根源。当某个边界的设立能永久解决困扰时，说明你已触及根本。如果问题在坚守边界后反复出现，则表明这一边界只是针对表象，尚未触及核心。

在右页的空白处写下你自己的边界声明，它将对你当下的生活产生重要影响。

边界声明

声明人：________________

日期：________________

V

守护你的平静：表达边界

安全距离

—

Safe Distance

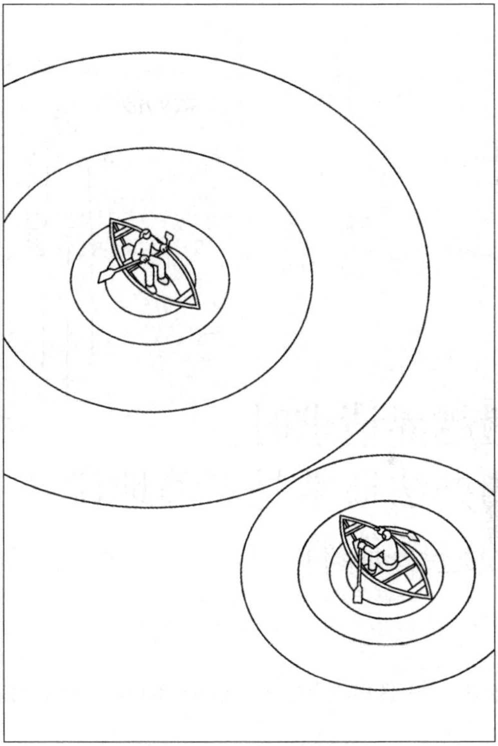

设定边界的过程，必然伴随着生活的**压力测试。**

有些边界的设立会引发他人的抵触情绪，尤其是当对方将自己的快乐与你特定的付出或陪伴捆绑时。

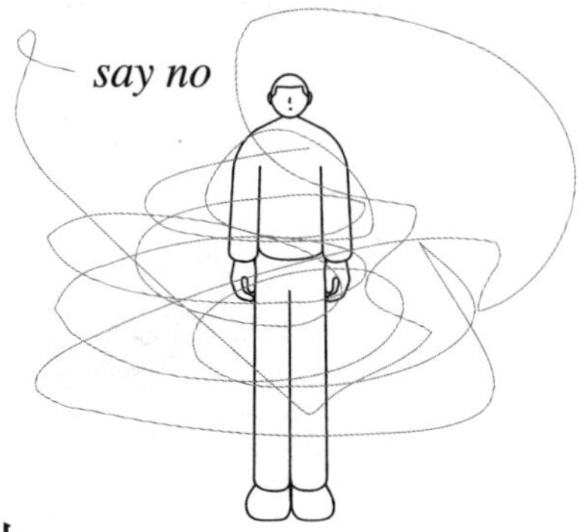

当遭遇越界请求时，最好的办法通常是平静地说“不”，而不必过多解释。

这种方式一般都会奏效，但也存在例外。如果对方要求进一步解释，此时，你可以用充满爱与共情的方式说明设置边界的原因：这不是在论证对错，而是分享你设立这个边界的真实想法。

你可以告诉对方，这一边界只是你现阶段所需的一种自我关怀方式，它在未来也许会发生改变，以此来强调边界的动态性。当你真诚地分享你设置边界的原因，多数人都会理解你。沟通效果取决于传达信息的方式，如话语背后的意图、能量和情绪等，这些会直接影响信息接收质量。从爱的角度出发分享你关于边界的想法，往往能与他人开启同频共振的对话。

然而，即便你以最温和的方式解释边界对自身的重要意义，仍然可能引发他人的愤怒与失望。此时，你需要清醒地认识到，对方的反应更多地折射了其自身的内心状态，而非你的行为存在问题。

如果出现这种情况，可以尝试和对方聊聊，鼓励对方说出真实想法，挖掘让他们感到不安的深层原因。如果当下任何语言或行动都无济于事，你可以重新安排对话的时间，让双方都留出时间消化情绪。重要的是，双方的感受都需要表达，而非压抑或回避，

在人际关系中，只有沟通才能解决问题。

边界会带来改变，你周围的人需要时间来接受这种改变。如果你是基于自爱而设立边界，那么人际关系的初期震荡终将平息，因为人们会逐渐理解：这是你守护生命能量的方式，而非对他们的否定。

但某些关系可能会经历持久的挑战这往往暴露了这个关系的本质问题：当对方尚未建立自我边界，也就难以理解你的心理边界。

你永远无法控制他人对你设定的边界的反应，

总会有人质疑你的选择。

但请牢记：

这是你的人生剧本，

创作充满爱、平静与喜悦的

篇章是你不可让渡的主权

。

即使这需要承受不被理解的孤独。

我们能做的是尽力理解他人处境的本源，体察其情绪成因，

并为对方保留诉说真实感受的空间。

在任何关系中，你们要么一起成长，要么渐行渐远。

当你持续自我成长，边界必然随之发生变化，那些不再同频的关系会自然松动。

当你们朝着不同的人生方向前进，
关系的疏离将成为必然，这种情况是很正常的。
你可以珍惜和怀念往昔的美好，也要允许自己放手，
让生命向更广阔的维度生长。

我们能做的就是尽力而为，尽管这未必能满足他人期待，
但要有勇气确信，这份努力已足够让我们获得内心的安宁。

当我们能够坦然面对他人的误解，
我们的内心就会平静下来。

说“不”或许会激起他人怒火，

但它将为你带来自由。

如果没有人告诉过你，

那么你现在应该意识到，

你的自由比他们的愤怒更加重要。

—

奈伊亚·瓦希德

"No" might make them angry,

but it will make you free.

If no one has ever told you,

your freedom is more important

than their anger.

—

Nayyirah Waheed

奈伊亚·瓦希德

诗人、作家，被誉为“也许是 Instagram（照片墙）上最著名的诗人”，代表作《盐》《星星》。

VI

把边界建立在尽可能多的领域

舒适区

—

Comfort Zone

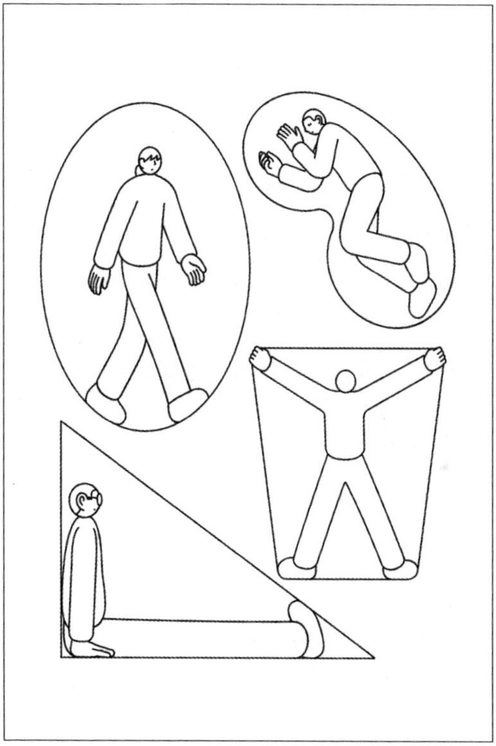

当我们学习新事物并实施改变时，往往只将这种改变应用在生活的单一领域。

假设我们的目标是让身体更健康。我们可能会通过学习新的饮食知识，意识到某些食物会导致嗜睡和焦虑，于是我们会停止摄入这些食物。

几周后，我们开始感觉身体更健康。如果我们因为看到了这种习惯的益处而继续保持下去，就可能形成终身的行为改变。

我们中的许多人会在这一阶段停止自我转变的努力，因为我们已经实现了改善身体状况的初衷。但我们没有意识到，可以将这个具体案例中习得的经验，进一步推广到生活的其他领域。

每种积极改变都蕴含着可普遍应用的原则。将其运用到生活的其他领域，不仅能延续改变的势头，还能让你的努力更上一层楼。

如果通过调整饮食结构改善了情绪状态，是否可以将这个理念延伸到其他维度的“摄入”？

我们吸收的精神食粮是否会影响自身的感受？如果审视我们所接收的媒体信息，剔除消耗能量、诱发负面情绪的信息源，又会发生什么？

上述改善饮食的例子揭示了一个原理，那就是**所有摄入物都会影响我们，包括精神层面的“摄入”**。

这为“我们吃什么食物，
就成为什么样的人”的谚语赋予了
全新含义，如果将这句话拓展为
**“我们接收什么信息，
就成为什么样的人”**，
则具有更普遍的适用性。

任何特定经历都能提炼无数普适原则，这只是其中一个例子。从同样的饮食案例中，我们还可以认识到，输入决定输出。如果只关注改变输出而不调整输入，等同于治标不治本。

如果只想通过锻炼来减肥，而不同时关注造成体重增加的原因，那么减肥或许很难成功。**在努力锻炼的同时，如果不改变摄入的食物，运动的努力将是徒劳的。**

我想在这里强调的主要原则是，当你在生活的某个领域经历了积极的变化时，请探索如何将其应用于其他待改善的领域。

前文案例与本书主题高度相关，每个场景都展示了设定边界及其带来的改变生活的影响。在饮食案例中，我们设定了不再摄入某些食物的边界，因为继续摄入这些食物会让我们产生不适感。在媒体信息接收案例中，我们基于相同原理为所接收的媒体信息设置了边界。

要真正释放改变的力量，关键在于发现所学知识的普遍适用性。践行这一方法，你将踏上永无止境的蜕变之旅，这是全面掌控人生的起点。

练习：

在你生活中的其他潜在领域建立边界。

家庭

浪漫

伴侣

社会关系

工作和事业

财务

心灵

情感和精神

身体

娱乐

创造力

爱好

最初，只在单个生活领域设定一个边界，直到形成习惯。同时设定过多边界将大幅增加维持难度。**从小事做起，只用一个边界养成习惯，然后再扩展其他边界，这才是长期改变的最佳路径。**

一旦你觉得当前的边界已经成为自身的一部分，而且不需要考虑太多，也不需要花太多精力去维持它，你就可以开始建立下一个边界。

不要忘记日积月累的力量。

如果你每个月都成功建立一个边界，到年底你就会在生活的多个领域拥有十二个边界。那样，你的生活一定会发生翻天覆地的变化。

只需一个边界，就能成为改变你生活的起点。

VII

你能建立的最重要的边界

保护

—

Protection

你愿意忍受什么，

就会得到什么。

—

佚名

Whatever you are willing to put up with

is exactly what you will get.

—

Unknown

佚名

尽管建立与外部世界的边界至关重要，但最重要的边界存在于你的内心世界——思想和心灵的边界之中。

在外部世界中，每天都有数以百计的事件发生在我们身上，同时我们的思维会对这些事件进行加工。

真正决定我们情绪状态的并非事件本身，而是对事件的认知方式。

如果不对思维设定边界，大脑将自动陷入固有模式与生存本能，使我们持续处于恐惧与自我防卫的情绪困境。

放任自流的思维会不断搜寻环境威胁、评判所见所闻、忧虑未来、追悔过往，让我们陷入持续的高压状态。这种持续不断的评判与负面声音，正是我们痛苦的根源。

但故事永远存在转折，你始终拥有改写剧本的力量，甚至彻底摒弃旧篇章。**设定思维边界，就是为人生画下界限，开启全新章节。**

你只需一个念头、一个决定、一个边界，就能获得全新的生活体验。

only

如果头脑中不再充满消极声音，你会感受到怎样的心境？消除头脑中的消极思维，可以为充盈平和的生活腾出空间。

当你决心不再沉溺消极思维，那你的情绪波动将大幅减弱甚至消弭。

我们持续消极思考和忧虑，只因我们误以为这是有益的，但这样做究竟能带来多少真正的平静与喜悦？

向自己提出这些棘手的问题，你就能意识到当前的行为模式已经不再有益，从而放弃旧的行为模式，为新的行动创造空间。

打破消极思维的恶性循环，关键在于铭记：消极思维没有任何好处，它只会偷走你的宁静。

每当消极念头浮现，你都有权选择终止情绪折磨，只因你再也不愿继续受苦。你在头脑中建立的边界，将是最有利于你享受平静、幸福且满足的生活的选择之一。

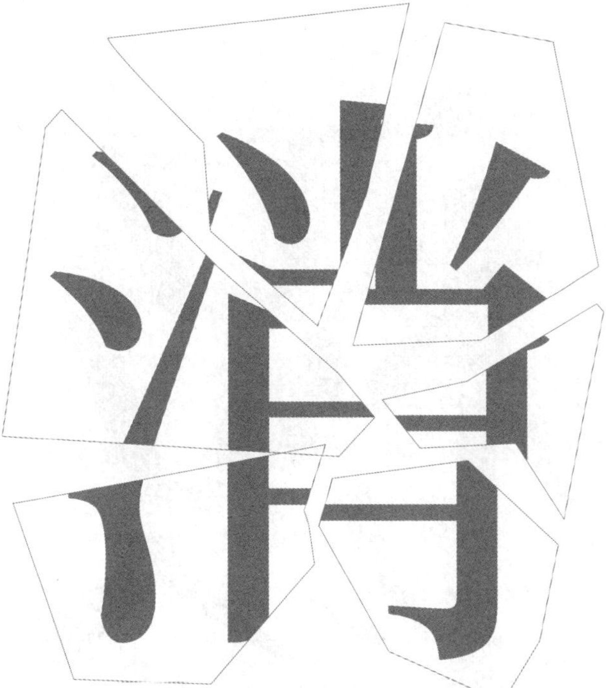
滑

极

如何练习坚守思维边界，抵御消极想法？

坚守边界可能并不容易,但方法却很简单。请不要把简单误认为缺乏有效性。很多时候，简单和有效是直接相关的。

维护这个边界，关键在于每一个当下做出的决定，不再为突然闯入意识的消极思维投入时间、能量与注意力。请记住，你关注的东西会不断扩展。能量流向之处，万物生长。

如果你继续关注负面思维，它只会不断放大。而当你决定不再给予它能量时，它的强度就会消散，如流水般穿过你的意识。因此，当消极思维出现时，可以承认它们的存在，但你不必深信不疑，更不必被其折磨。

深呼吸几次，坚定地站在自己的立场上，提醒自己不要深陷在消极思维中，因为这样做没有任何好处，只会导致情绪痛苦。这自然会在你的头脑中创造出空间，而这个空间蕴藏着无限的可能性，让你期许的美好进入你的生活。

在这里，我提供一个缩写词，当消极想法出现时，记住它会很有帮助：

BARF

B —— 呼吸（Breathe）。进行五次腹式呼吸，让心情平静下来，专注当下。

A —— 自问（Ask）。问自己："这种消极想法有用吗？如果没有，那就让它走吧。"

R —— 铭记（Remember）。记住并反复对自己说："消极思维是情绪痛苦的根源。"

F —— 感受（Feel）。感受你正在经历的任何情绪，无须对其进行判断或评论（停止思考，纯粹感受）。

重复这个过程，直到你平静下来，并且消极思维消失。

"Barf"这个词有"吐出来"的意思，也可以理解为把你的消极思维"吐"出来，让它离开你的身体。

如果不通过消极思维来延续我们的情绪，

我们的身体大概需要 90 秒钟来处理和调节情绪波动。

这正是设立思维边界后，

消极思维及相关情绪自然消退的时长。

再次遭遇消极思维时，请运用此方法，重复练习直至平静。

你不断这样练习，

它就会逐渐成为习惯，

最终成为你自身的一部分，

或者说成为你的第二天性。

VIII

边界孕育创造力：如何拥有理想生活

越线

—

Cross the Line

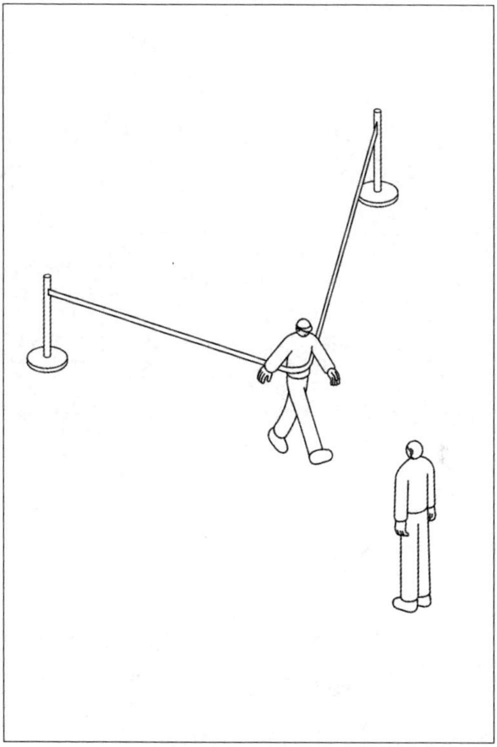

当我们设定目标时，可能会落入不惜一切代价实现目标的思维陷阱。这种心态往往导致生活失衡，因为我们会为了实现目标而牺牲一切，包括我们自己。

我们的日程表被任务和职责填满，没有给快乐和幸福留下任何空间。我们沉迷于追逐目标，以至于忘记自己是谁，忘记什么对我们真正重要。

这种强制实现目标的模式，往往会引发倦怠、挫败感以及目标达成后的空虚感。

那些我们深信不疑的“法则”，比如事业与家庭必须二选一、爱好与生计无法并存，真的是不可打破的吗？

我们不是生活在~~“非此即彼”~~的世界里，而是一个**“和”**的世界中。你完全可以在推进事业的同时陪伴家人，在追求目标的过程中享受生活，将爱好转化为可持续的事业。

如果没有这种信念，你的思维就会停止创新，继续在“二选一”中艰难抉择，生活没有任何变化。

可是，一旦你相信自己可以同时实现两个不同的愿望，甚至只是想想它发生的可能性，你的思维就会打开新大门，而这个新产生的想法就可能将愿望化为现实。

建立边界能够让我们在平衡中实现人生目标。

传统观念常常让我们牺牲一切去追逐某个外在目标，但结果往往并不令人感到满足。真正可持续的方式，是为目标设立明确的边界，在实现理想的同时，活出完整的人生。

做任何事都没有唯一的方法，甚至没有绝对正确的方法，对于设立和实现目标来说尤其如此。

以增加收入为例，与其不计代价拼命加班工作，不如设立“缩短工作时长”的边界。

我们渴望财富增长，

但并不想每周工作七天，每天工作十四个小时，以牺牲

家庭、健康和幸福感为代价。

建立减少工作的边界会迫使我们以不同的方式思考，

激发自身在实现目标方面的创造力。

当常规路径被限定，我们不得不探索新方法，

比如提升工作效率、发展副业，或是整合利用现有资源。

边界是通往创造力的大门，

它将帮助你创造一个更加平衡的生活空间，让事业、家庭、

个人成长得以和谐共生。了解要为自己的目标设定哪些

边界，有助于你深入思考，究竟什么才能给你带来真正

的成就感和生活乐趣。

是什么让你感觉充满活力？
你现在
正在做的事情会让你快乐吗

？

设定目标时，我们相信会在实现目标后感到快乐，

但在你的生活中，

有多少目标能让你一直快乐下去呢？

更多时候，我们很快就不满足了，然后急匆匆地转向下一个目标，疯狂地追求它，只是为了获得另一种短暂的满足感，而这种满足感的持续时间比汽车空气清新剂的留香时间还短。其实大可不必如此。我们完全可以享受当下的快乐，而不是为了一个虚幻的目标去延迟这份快乐，

况且这个目标很可能只是一个空洞的幸福承诺。

做到这一点的方法就是围绕你的目标建立边界，

让你在这个过程中精心设计属于自己的快乐。在制定目标时，想想什么能让你在当下感到充实、有活力和满足。

什么样的边界或标准
能让你现在就创造自己喜欢的
生活

？

不妨反其道而行之，想想目前是什么耗尽了你的精力和快乐，然后从这个角度出发来规划你想要的生活。

你想花更多时间陪伴家人吗？你想做自己喜欢的事情同时养活自己吗？你想创业吗？你想有更多时间享受自己的爱好吗？你想赚更多的钱吗？你想为此多工作还是少工作？

关于金钱的困惑尤其值得审视：如果收入翻倍，你的快乐会同步增长吗？你会用这些钱做什么？这会给你带来真正的快乐和成就感吗？什么才能让你真正地感到满足？

如果有更多的时间，你会用来做什么？你可以现在就开始做这些事情吗？哪怕只是简单的尝试？你有什么好的想法来支持你开始尝试吗？

设计理想生活的过程没有标准答案，但重要的是要持续追问自己这些难题，以便开始了解自己真正想要的是什么。除了你自己，没有人能替你回答这些问题。

创造自己喜欢的生活，首先要了解自己。

如果你感觉生活中缺少了什么，那么你很可能缺少了某个边界，而这个边界可以为你想要的东西创造空间。以这种感觉为出发点，可问自己缺少了什么边界来支持你想要的生活，然后下定决心去建立这个边界。

IX

放手并创建新的边界

试探

—

Explore

当你终其一生都深信

自己需要取悦他人才能得到爱时，

你所能做的最勇敢的事情

就是说“不”，

并设定边界。

—

泽维尔·达格巴

Some of the bravest things you can do

are to say "no"

and set boundaries

when you spent a lifetime convinced

that you needed to please others in order to be loved.

—

Xavier Dagba

泽维尔·达格巴

心灵探索导师、作家，在 Instagram 上有 15 万粉丝，

著有《金色的伤痕》。

世间没有永恒不变的事物，唯一不变的是变化本身，停止生长进化的事物终将消亡。

我们始终在成长蜕变，但如果固守旧有边界，这些曾助力我们成长的机制反而会成为禁锢。

边界可以让我们自由，但我们没有意识到，边界也能轻易地束缚我们。

例如，我们可能设定了一个边界，每个月只与家人或朋友外出一次，以专注于自己的疗愈，但当疗愈进程取得突破，我们开始渴望更多的社交时，这个规则反而阻碍了成长。

随着我们进入不同的人生阶段，优先事项和目标也会发生改变。曾经为发展事业设定的工作准则，在组建家庭后可能不再适用，这时边界需要随之调整。

摒弃旧边界、建立新边界是完全合理的，这正是生命自然的演进过程。

这不是善变或缺乏原则，它会让我们对真实自我有新的认知，并理解生活永远处于变化中。这正是对人性本质的尊重。

带我们走到今天的，未必能带我们走向未来。曾经保护我们的，或许已不再适用。

这不代表原有边界存在错误，只是意味着我们已经超越了之前的自己。

保持对不断变化的需求、重心和目标的感知，就能让你适时放下不再适用的旧边界，在当下需要之处建立新边界，从而创造符合现阶段期待的生活。

摒弃那些限制你成长、消耗你能量或阻止你表达真实自我的边界。

建立能支持你的成长，唤醒内在生命力，让自己知行合一的新边界。

当我放下“我是谁”，

我就会成为我想成为的人。

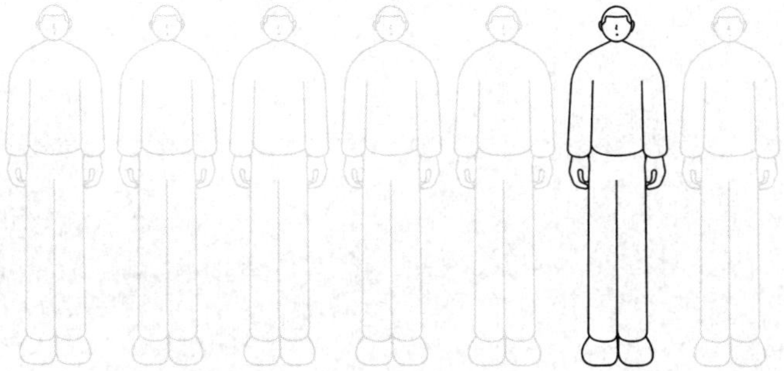

后记

虽然这是本书的结束，但对你来说却是新生活的开始。除非你行动起来，否则一切都不会改变。

下定决心，这是你能为自己的平静和快乐所做的最重要的事情，你不想再像过去那样受苦了。

我们要建立的最有影响力和变革性的边界，就是不再消极思考。

从现在开始，为自己设立不再消极思考的边界，并至少在一个月内将其牢记于心。向自己承诺，在接下来的一周里，你将遵守这一边界，并密切关注自己的感受。几天之后，你就会开始感受到一种全新的情感和生活体验。

当你遇到困难时，请参考书中与你当前情况相关的章节。感谢你允许我为你提供帮助，成为你人生旅途的一部分。

给你所有的爱

约瑟夫

简短总结和有益提醒

1. 建立并坚守你的边界，尊重边界就是尊重自我。
2. 边界反映了我们的价值观。
3. 说“不”是一种自我关爱的体现。
4. 把说“不”正常化，不要有负罪感。
5. 我们的情绪不是由发生的事情产生的，而是由我们对事情的看法产生的。放下你的想法，改变你的感受。
6. 用和平与爱去迎接困难以及生活中的一切。
7. 外部世界会对我们的内在感受做出反应。
8. 边界让你自由。
9. 边界为我们想要进入的生活创造空间。
10. 平和宁静的生活源于你知道不必取悦所有人。
11. 你无法体会他人的感受，但你可以选择尊重。

12. 改变他人的感受不是你的责任，每个人都必须为自己创造内心的安宁。

13. 为了真正体验改变带来的力量和潜能，就要尽可能广泛地应用你所学到的知识。

14. 划定边界并不是把自己的需求凌驾于他人之上的自私行为，而是一种用心去爱的行为，承认自己的需求与周围人的需求同样重要。

15. 你不能指望那些不够爱自己、不懂得建立和维护自己边界的人会理解你的边界。

16. 努力了解自己，坦然接受他人的误解。

17. 如果你感觉生活中缺少了什么，那么你很可能缺少边界，边界可以为你想要的东西创造空间。以这种感觉为出发点，问问自己缺少了哪种边界以支持你想要的生活，然后下定决心去建立这种边界。

18. 远离那些限制你成长、消耗你能量或阻止你表达真实自我的边界。

19. 创造新的边界，支持你的成长，让你感觉自己充满活力，让自己知行合一。

祝我们，
终将找到 自我

向万物学习

最有边界感的动物之——

知更鸟

Erithacus rubecula

小型鸟类中领地意识较强的代表。

雄鸟会疯狂攻击入侵者，包括自己的镜像（误认为是同类）。

最有边界感的动物之——

刺猬

Hedgehog

当它们感到威胁或需要独处时，
会蜷缩成刺球，用尖刺形成物理屏障，
阻止任何生物（包括同类）靠近。

最有边界感的植物之——

胡椒薄荷

Peppermint

胡椒薄荷通过地下根系（匍匐茎）扩展形成“边界”和群落，
其强烈香味对动物有吸引力，
且挥发的精油能抑制其他植物生长、防止竞争者入侵。

最有边界感的植物之——

蒲公英
Dandelion

蒲公英等草本植物通过其广泛的种子扩散机制来建立“边界”。
它们通过风力传播种子，迅速占领空地。

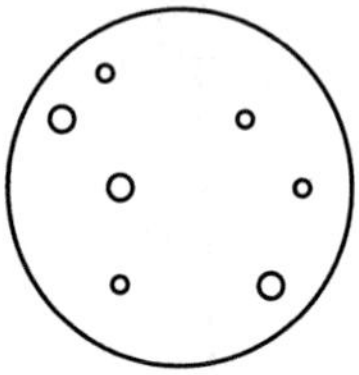

最有边界感的行星之——

水星

Mercury

没有大气层，地表之上直接就是太空；
没有卫星与星环，存在纯粹；
坚硬岩壳构成清晰地貌，引力刚好维持规则球体。
水星以最简洁的方式，划定了自身与宇宙的界线。

最有边界感的海洋生物之——

鲸鱼

Whale

鲸鱼的一生常常穿越巨大的地理和生态边界，

它们总是在海洋中静静悬浮，下一刻突然腾跃水面，穿越水与天的分界。

鲸鱼的边界感，来自于它穿越世界边界的能力。

作者简介

约瑟夫·阮

Joseph Nguyen

国际畅销书作家，著有《不要相信你所想的一切》（*Don't Believe Everything You Think*），被译作 31 种语言。作为心灵觉醒导师，他致力于引导人们突破自身思维与固有观念的限制，重新发现本真自我，挣脱心理枷锁与情感羁绊，活出更加丰富的人生。

当暂时放下对三只爱猫的亲密抚触（尽管对猫毛过敏却甘之如饴），他便全身心投入创作与智慧传承——通过笔耕不辍的写作、启迪人心的教学、震撼心灵的演讲，传递穿透时空的永恒真理，唤醒每个人与生俱来的内在神性。在他的精神图谱中，众生苦苦追寻的生命答案，始终存在于人们的本心深处。

译者简介

于 悦

Yuyue

中国科学院心理研究所博士、中国政法大学社会学院心理系副教授、硕士生导师、国家二级心理咨询师，著有《亲密关系中的隐蔽人格》。他还是一名 B 站知名心理学 up 主，账号 @ 心理学于悦，已有超过 20 万粉丝。

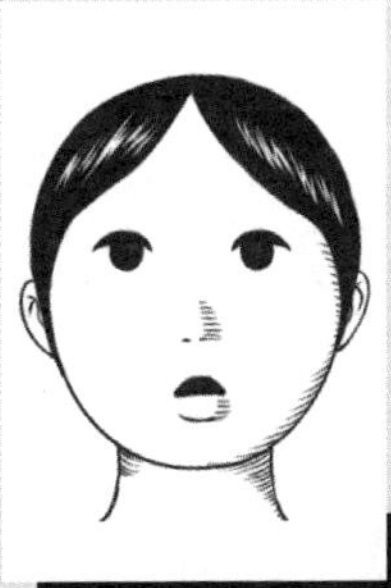

插画师简介

我是白

Woshibai

一位生活在上海的漫画家、插画师。他与来自媒体、艺术、出版与商业领域的客户合作，如《纽约客》《彭博商业周刊》、苹果公司和西岸美术馆等。著有《游戏》《20KM/H》《物体剧场》等。其作品在中国、法国、比利时和加拿大等地出版，在中国、挪威、意大利、格鲁吉亚等地展出。

策划出品：儒意欣欣
出 品 人：柯利明　周公度

出版统筹：杨　静
产品编辑：彭　思
美术编辑：张洛瑄
责任印制：王晓超
监　　制：林苑中

欢迎出版合作，邮件联系：
laixin@ruyibooks.com
新浪微博：@儒意图书

图书在版编目（CIP）数据

边界 /（美）约瑟夫 · 阮著；于悦译；我是白绘 . 西安：太白文艺出版社，2025. 8. -- ISBN 978-7-5513-2987-3

Ⅰ. B84-49

中国国家版本馆 CIP 数据核字第 20251ZE458 号

陕西省版权局著作权合同登记 图字：25-2025-153

边界
BIANJIE

作　者	[美] 约瑟夫 · 阮
译　者	于　悦
绘　者	我是白
责任编辑	付　惠
装帧设计	张洺瑄
出版发行	太白文艺出版社
经　销	新华书店
印　刷	北京利丰雅高长城印刷有限公司
开　本	787mm x1092mm　1/32
字　数	30 千字
印　张	4.625
版　次	2025 年 8 月第 1 版
印　次	2025 年 8 月第 1 次印刷
书　号	ISBN 978-7-5513-2987-3
定　价	60.00 元

联系电话：029-81206800
出版社地址：西安市曲江新区登高路 1388 号（邮编：710061）
营销中心电话：029-87277748　029-87217872

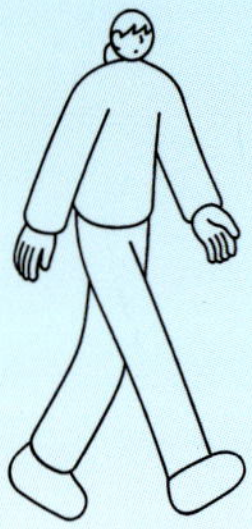